FINANCE 101 FOR KIDS

MONEY LESSONS CHILDREN CANNOT AFFORD TO MISS

給孩子的
第一本理財書

從存零用錢開始，
美國財經專家引導孩子聰明用錢的 10 堂理財課

沃特・安道爾 WALTER ANDAL ——著

謝明珊——譯　陳之婷——繪

介绍

About

作者簡介

沃特・安道爾（Walter Andal）

沃特具備在加利福尼亞州拉文大學國際財經碩士學位，以及馬尼拉亞典耀大學管理經濟學士學位，他在保險、銀行、房地產、醫療產業累積逾25年工作經驗。

他希望自己的孩子具備理財知識，只可惜市面上缺乏專為小學生或中學生量身打造的理財書，他只好親自為孩子撰寫這本書，引導孩子聰明用錢，以免成了月光族，窮忙一輩子。他幫助自己的 4 個孩子成為聰明和負責任的理財達人。

譯者簡介

謝明珊

台灣大學政治系國際關係組碩士，NAHA 國際認證高階芳療師，大學時代雙修政治和經濟，從事筆譯十幾年，樂此不疲，悠遊於商管、身心靈、科學各種領域。

繪者簡介

陳之婷（iamct）

師大美研所畢業，有陣子迷上刻橡皮擦印章。當了媽之後則是不織布縫縫縫不停。兼職教師，主要從事插畫繪製，偶爾也有開設手作課程，工作及日常分享請見臉書專頁「iamct」。

目錄

Contents

寫給家長的前言

有一次我們全家去逛大賣場，當時安傑羅才九歲，經過電玩專賣店看到任天堂 3DS XL，他禮貌地詢問我，能不能買這個掌上型遊戲機給他。我說我的錢不夠，他竟然天真的說：「爸，不一定要付錢，你只要掏出信用卡！」

很多小學生就跟安傑羅一樣，還以為刷卡買東西，就不需要付錢。我訪問一些中學生，結果發現他們對儲蓄、信用、投資和財務的知識不足，就連品學兼優的好學生，也有這個問題。

大家都知道要做好財務管理，運用理財知識來設定預算、申貸和投資，做錯財務決策，對人生的影響可能很大。因此，在現今的世界，一定要具備基礎的理財知識。就算你知道理財很重要，孩子在學校卻沒什麼機會學習理財，等到高中的經濟課或數學課，才會介紹財務的**抽象概念**，只可惜這些課程都罔顧真實的金融脈動，不解釋信用卡的原理，也不提醒孩子債臺高築和延遲繳款的後果。到頭來，只有極少數的學生，上大學選修金融課程，繼續深造理財知識。

我也有孩子，因此我深深覺得，理財教育愈早開始愈好。運動會鍛鍊毅力和團隊精神，練武會培養自制力和紀律，音樂和藝術會激發創意和自我表達，同樣的道理，及時接受理財的教育和訓練，可以養成良好的理財

習慣。現在是電子商務和消費主義盛行的時代，孩子必須有扎實的理財觀念，才不會被巨額的學貸壓垮，欠下一堆卡債，不懂得量入為出。

我媽在我們小時候，一直強調金錢和儲蓄的重要性。她鼓勵我們每一個人開設儲蓄帳戶，把每星期的零用錢或禮金存下來；她也教我們，花錢要謹慎。像我媽這樣的家長，打從孩子小時候，就做好理財和金錢教育，我覺得很了不起！如果你還沒開始做，也不要灰心，教孩子理財永遠不嫌晚。如果你對自己的理財知識沒把握，不妨花一點時間重新學習，然後傳承給孩子。

這本書介紹的理財觀念，具備教育意義和娛樂性質。雖然我是寫給7～15歲的中小學生看，但無論年齡多大，只要理財觀念不足，看了都會獲益良多。我寫這本書，不是要把孩子教成無所不知的投資客或商業大亨（但如果有這樣的效果也很好），而是要介紹重要的基礎知識，讓孩子盡早培養理財的責任心，在人生的道路上，做明智的財務決策。

沃爾特・安達爾

前情提要

孩子們，歡迎來上課！

　　大家好！我是白金漢。學生都叫我白老師。我大部分的時間，都在教數學和歷史，但我最愛教小朋友金錢觀念了。這堂課會帶領大家進入金融的世界，你會有很多的時間去認識金錢。別擔心！這堂課很好玩，坐第一排的五位同學，自願做角色扮演，把這堂課變得更刺激有趣。大家先感謝這五位同學吧！分別是班恩、喬治、安德魯、奧莉薇亞和克洛伊。

　　準備好了嗎？開始快樂學習吧！

給孩子的第一本理財書

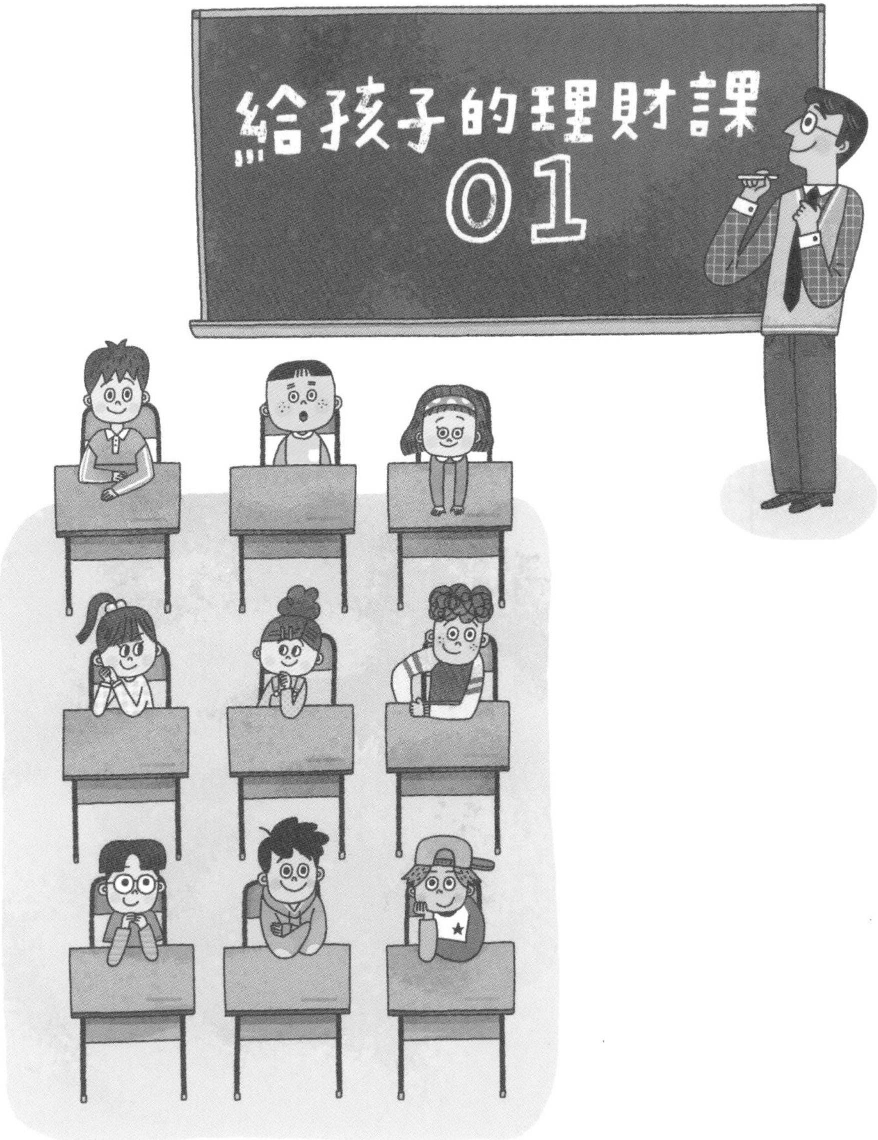
給孩子的理財課
01

 第1章

何謂理財？

金錢（**Money**）｜大家公認的交易媒介，可以交換商品或服務。

商品（**Goods**）｜實際的物品，眼睛看得到，手觸摸得到。

　　我愛講授**金錢**的主題，是因為金錢有價值、有用處，已經成為我們日常生活中不可或缺的一部分。

　　有錢就可以購買**商品**，例如電玩、服裝、書本、手機。大家都喜歡購物，有了錢，就可以盡情地買。

服務（**Services**）｜別人提供的勞務。

花費（**Spend**）｜用錢付款或購物。

儲蓄（**Save**）｜把錢存下來，留到以後使用。

金錢也可以買到**服務**。

你爸媽付錢請人修車，付錢請人除草，付錢請水電工修理漏水的水管，付錢請醫師檢查你生病的身體。你平常可能沒有意識到，但家裡會有電、有線電視、網路，都是因為有人付錢。

當你拿到錢，你可以選擇**花費**，或者為未來**儲蓄**。

  給孩子的第一本理財書

花錢並沒有什麼錯，尤其是購買你真正需要的商品或服務，但儲蓄也很重要，這樣未來才可以買得起昂貴的東西，例如大學教育、車子、房子。更重要的是，把錢存下來，未來有突如其來的開銷和緊急事件，就可以度過難關。

投資（**Investing**）｜把錢放在會變多的地方。

儲蓄（**Savings**）｜把錢存下來，留到以後再用。

慈善團體（**Charities**）｜這些組織會幫助有需要的人。

有趣的是，把金錢放在對的地方，錢就會變多，這就是**投資**。

每個人都能透過**儲蓄**來投資，為自己賺更多錢。

愈早開始投資，存款就愈多。

最棒的是，除了花費、儲蓄和投資，金錢也讓你有能力，為社群貢獻一份心力。你可以捐錢給慈善團體，改變別人的一生。當你能夠幫助別人，為慈善事業而奮鬥，這種感覺好極了，待會兒我再來詳細說明。

有錢可以做太多美好的事情，所以幾乎每個人都期望家財萬貫，可是賺錢哪有這麼容易！英文有一句古諺：「錢不是長在樹上。」意指賺錢不容易，並沒有像採蘋果那麼簡單呀。努力工作，才會有錢。

你爸媽有在工作嗎？

　　大多數家長都要工作謀生。一般人長大以後，每天要工作八小時，每星期工作五天，有些工作的工時又更長。

　　賺錢會耗費時間、精力和能力，可是工作所獲得的報酬，絕對不是只有金錢。你可以創造東西，回饋社群，提供有趣的服務，這些都是工作的優點。

投資（**Investment**）｜這個購買行為是為了獲得更多收入，或期待未來會增值。

現實生活中的金錢，不一定這麼美好。

如果支出超過收入，以後就沒有錢可花了。

辛苦存下來的錢，做錯了**投資**，也會有損失。

如果沒好好管理和保護金錢，金錢也會消失。

拚命賺來的錢，從手中白白溜走，內心想必很緊張吧！

如果還因為這樣，買不起生活必需品，那就更苦惱了。

財務（**Finance**）｜賺錢、管錢和用錢的方法。

　　你有責任學習賺錢，並且管理賺來的錢，但這不是你與生俱來的能力，所以要累積**財務**知識。

　　所謂的財務，大致是管理金錢的過程。

　　學習財務知識，就會做正確的決定，在適當的時機賺錢。

　　更重要的是，洞悉金錢的原理，就會做明智的決定，妥善的花錢、存錢和投資。

　　現在學財務，正是時候！

　　後面幾章，有更多精彩的內容。

第2章

金錢：一切的緣起

　　數千年以前，世上還沒有金錢，大家過著自給自足的生活，住在小村莊，獨力撫養自己和孩子，生活十分簡單，一般人主要靠狩獵為生。如果沒糧食可吃，就搬到別的地方生活。那時候，根本用不到錢。

專業化（**Specialize**）｜選擇一件事，做到十分熟練。

生產力（**Productivity**）｜製造商品或提供服務的能力。

以物易物（**Bartering**）｜直接交換商品或服務，不需要用到錢。

久而久之，大家各自有專業能力。有些人會養牛、養豬或養羊。有些人是擅長種作物或穀物。有些人特別會捕魚、做木工、採礦和手工藝。

大家開始**專業化**，選擇一件事，做到十分熟練。

專業化以後，**生產力**會提高，生產出來的東西，超過日常所需。

當大家變專業了，會想要交換自己無法生產的產品，或無法提供的服務。比方，農夫蓋房子，需要木工幫忙，木工從農夫那邊獲得糧食。交易一開始，還沒有紙鈔或硬幣，只好**以物易物**。

以物易物，是單純交換商品和服務，沒花到半毛錢。這就像好朋友之間交換棒球卡、電玩遊戲或便當。貨幣還沒有出現之前，農場主人可能會牽著一頭牛，去交換兩頭豬；木工會幫別人蓋穀倉，來交換糧食和工具。

　　如果找得到願意交換的人，接受彼此的商品或服務，以物易物就行得通，只可惜不會一直那麼順利。要是農場主人認為，一頭牛至少要換兩頭豬，卻始終找不到有兩頭豬可交換的豬農呢？或者，豬農只有一頭小豬可以交換？農場主人難不成要改變心意，改成換麵包或工具嗎？農場主人更有可能會堅決不換，除非他找到等值的物品，只要他找不到，他就不會換。由此可見，以物易物不一定行得通呀，交換的物品，可遇不可求。

交易工具（**Instrument of exchange**）｜交易的媒介。

交易（**Transaction**）｜買賣商品或服務。

票據（**Note**）｜可以付錢買東西的紙張。

　　交易的機會變多了，交換的物品也跟著增加，包括金、銀等金屬，其中因為黃金特別稀有，美觀大方，還可以做金條，於是成為公認的貨幣。黃金的價值由重量來決定。當黃金變成公認的**交易工具**，交易就更興盛了。

用黃金交易，是有缺點的。如果**交易**金額大，豈不是要扛一大堆黃金了！譬如買農場或大船，你可以想像要準備多少黃金嗎？於是，大家想了一個解決辦法，把黃金交給金匠或銀行保管，交易的時候，麻煩金匠或銀行開立**票據**，上面載明多少金額的黃金。拿到票據的人，可以到銀行換黃金，或繼續拿票據做交易。接下來呢？票據的價值有黃金的保證，就開始在市場上流通。票據成為公認的付款工具，因此票據或紙鈔（100 元紙鈔、500 元紙鈔、1000 元紙鈔等）都是常見的交易工具。一開始，硬幣是金的或銀的，但是過不久就換成銅幣，或其他混合金屬。

有趣的是，我們現在使用的金錢，沒有黃金的保證；我們用來印製紙鈔的紙張，也沒有什麼價值。你可能會好奇「那為什麼金錢有價值呢？」

政府（**Government**）｜領導整個民族或社群的一群人。

擔保（**Guarantee**）｜為某一個情況掛保證。

穩定性（**Stability**）｜因為強大，所以不太會改變或消失。

金錢有價值，是因為**政府**在背後**擔保**。

所謂的擔保，是為某一個情況掛保證。我們現在使用的金錢，有政府做擔保，而我們也相信政府的擔保。

換句話說，一來政府出面擔保，二來大家信任政府，共同維持金錢的**穩定性**和價值。

 第3章

賺錢的方法

收入（**Income**）｜從別人身上賺到錢。

薪水（**Salary**）｜勞工做完服務，所拿到的報酬。

從商（**Business**）｜販售商品或服務，然後賺取收入。

員工（**Employee**）｜為個人或組織工作的人。

雇主（**Employer**）｜提供工作機會的個人或組織。

法人（**Corporation**）｜一群共事的人，共同組成公司或商家

人一定要有收入，這樣才會有錢。

收入有很多種，包括領薪水、從商獲利、投資收益，或者來自親朋好友的饋贈。下面介紹一些收入來源。

 為別人工作

賺錢，要付出勞力。成年人賺錢的方式，大多是找一份工作。為別人工作的人，稱為員工；提供工作機會的人，稱為雇主。雇主可能是個人、法人或政府。員工為雇主工作，就會拿到薪資。

你爸媽做什麼維生？

你有沒有想過，長大以後要做什麼工作呢？

有些工作的薪資比較高，但可能要有比較高的學歷和訓練。

下面這張圖表，列出你未來可能想做的工作，在美國平均每年會賺到多少薪水，以及需要受過哪些訓練。

美國薪資表（2015 年）

工作	平均年薪	就學／培訓的年數
機長	101,852 美元 （約 330 萬新臺幣）	大學四年，外加飛行學校培訓和飛行經驗
木工	41,354 美元 （約 134 萬新臺幣）	培訓三至四年
電腦工程師	58,436 美元 （約 189 萬新臺幣）	大學二至四年
牙醫	123,922 美元 （約 400 萬新臺幣）	大學四年，外加牙科學院四年
醫師	138,248 美元 （約 447 萬新臺幣）	大學四年，外加醫學院四年，然後住院醫師訓練三年以上
小學老師	41,561 美元 （約 134 萬新臺幣）	大學四年
電子工程師	70,675 美元 （約 229 萬新臺幣）	大學四至五年
金融分析師	56,469 美元 （約 183 萬新臺幣）	大學四年
消防員	43,915 美元 （約 142 萬新臺幣）	大學二至四年，外加消防學院培訓
律師	77,251 美元 （約 250 萬新臺幣）	大學四年，外加法學院培訓三年
警員	48,336 美元 （約 156 萬新臺幣）	大學二至四年，外加警官學校培訓
護理師	57,672 美元 （約 187 萬新臺幣）	大學二至四年

做職涯選擇，一定要記住喔！不可以只看薪水或名聲。你也要確定你自己喜歡這份工作。

B 為自己工作：提供商品和服務

> 自營業者（**Self-employed**）｜為自己工作，然後以此維生。
>
> 利潤（**Profit**）｜做生意有賺錢，營收大於支出。

你有沒有認識的人，是自己開店、做生意或開餐廳？

這些人賺錢的方法，就是為自己工作，而非為別人工作，稱為自營業者或老闆。如果他們要賺錢，就要提高生意的利潤。

營收（**Revenue**）｜販售商品或服務所賺來的錢。

支出（**Expense**）｜做生意的開銷。

利潤是把營收加總起來，然後扣掉支出。營收，是店家販售商品或服務的收入。支出，是做生意的開銷，例如支付原料、辦公用品、辦公設備、租金和員工薪水。利潤的計算公式如下：

$$利潤＝營收－支出$$

如果總營收大於總支出，店家就會賺錢。每一個自營業者，就如同一般的商家，都希望獲利豐盛。有利潤的事業，老闆才有錢賺。有利潤，才可以把生意做大。

支出大於營收，店家就會虧損，因為賺進來的錢，大於付出去的錢。自營業者或店家都不希望虧損。如果一直在虧損，老闆撐不下去，可是會關門大吉的喔。

第4章

金錢的力量

A 幫自己錢滾錢！

利息（**Interest**）｜使用資本的費用。

存款（**Deposit**）｜把錢放在銀行。

　　錢存在銀行就是存款，過了一段時間，會拿到利息，所以錢就變多。利息是銀行付給你的費用，這樣銀行就可以拿你的錢來投資。換句話說，你在銀行有存款，就是允許銀行用你的錢做交易，然後銀行會給你利息。

本金（**Principal**）｜最初投資的那筆錢。

利率（**Interest rate**）｜使用資本的費率。

期限（**Term**）｜投資或貸款的期間。

為了計算利息，你要收集這三個數字：

- 最初投資的金額，稱為本金。

- 每年的利率，利率是使用金錢的費率，以百分比計算。

- 錢放在銀行的期間，稱為期限。

這三個數字相乘，就是賺到的利息。

利息＝金額（本金）×利率×時間（期限）

我們舉一個例子，假設喬治在存多多銀行，存了 1,000 元，銀行每年的利率是 3%，存款三年，可以賺到多少利息呢？（不考慮複利的情形）

套上剛才的公式：

利息＝1,000×3%×3年
利息＝90

喬治存款 1,000 元，三年後，可以賺到利息 90 元，平均下來，每年賺到 30 元利息。三年累積 90 元利息，聽起來也許不是大數目，但如果喬治把錢藏在床底下，三年可以賺多少利息呢？0 元！因此，90 元利息總比沒有好！

現在想一想，如果喬治多存一點錢，他可以賺到多少利息呢？比方他的本金多了兩個零，變成 10 萬元，三年的利息就是 9,000 元（利息也會多兩個零），相當於每年有 3,000 元利息！厲害吧！

美國菲爾斯太太餅乾（Mr. Fields）創辦人黛比‧菲爾德（Debbie Field），分享她的人生智慧，教大家變有錢。

「理財和儲蓄的關鍵，就是把小錢管好，長期就變成大錢。一開始，可能只是幾塊錢而已，後來會變成你意想不到的金額喔！」

存款人（**Depositor**）│把錢存在銀行的人或機構。

借款人（**Borrower**）│暫時跟別人借錢的人或機構。

貸款人（**Lender**）│靠借錢給別人來賺錢。

　　銀行就跟大多數店家一樣，也要追求利潤。銀行從**存款人**（把錢存在銀行的人）收集金錢，然後把錢借給客戶。銀行付給存款人的利率，絕對**小於**他跟借款人收取的利息，這就是銀行賺錢的方法啦！

我們來看銀行怎麼賺錢吧！假設存多多銀行的客戶克洛伊，跟銀行借了 1,000 元添購烘焙坊的烤箱。克洛伊是**借款人**，存多多銀行是**貸款人**。存多多銀行把喬治的存款，借給克洛伊使用。如果存多多銀行向克洛伊收取 7%利息，借款三年，克洛伊總共要支付多少利息呢？套上剛才的公式：

$$利息＝1,000×7\%×3\ 年$$
$$利息＝210$$

第三年，克洛伊付給存多多銀行的利息，總共是 210 元，這就是銀行的營收。那麼，這筆交易為銀行賺到多少利潤呢？套上利潤的公式：

$$利潤＝營收－支出$$
$$利潤＝從克洛伊收取 210 元利息－付給喬治 90 元利息$$
$$利潤＝120 元$$

從這個簡單的例子，就明白你的存款如何幫銀行賺錢。銀行有很多存錢的客戶，以及很多借錢的客戶，2014 年美國銀行在官網公布，總共有 1.1 兆位存款人，創造 48 億美元的利潤！

　　銀行提供給存款人和借款人的利率，不是固定的。利率會隨著時間改變，受到很多因素影響，例如 2000 年有些銀行付給存款人的利率，竟然達到 5%，缺點是什麼呢？借款人就要付更多利息，可是這也沒辦法啊，銀行也是要賺錢的。

2014 年剛好相反，銀行付給存款人的利率，竟然不到 1%，低利率對那些靠利息維生的人衝擊很大，可是對借款人來說，低利率反而是好消息，貸款買房和買車的利息，比 15 年前低了很多呢！

第5章

信用入門課

信用（**Credit**）｜借款人先享受有價的物品，之後再付錢。

信用卡（**Credit Card**）｜塑膠小卡片，可以讓借款人賒帳買商品
　　　　　　　　　　　　和服務。

貸款（**Loan**）｜向別人借錢，並保證未來會還錢。

房貸（**Mortage**）｜貸款買房子。

A 什麼是信用？

你有沒有看過媽媽去超市買東西，不花半毛錢？她在收銀員面前，掏出塑膠小卡片，在一張紙簽名，就可以把商品帶回家了。這些商品難道是免費大放送嗎？才不是呢！她是透過**信用**的機制，買了這些東西。

信用有借款人（上面的例子是媽媽）和貸款人（銀行），借款人不用先付錢，就可以拿回有價值的東西，並保證在未來還錢。有了信用的機制，借款人能夠立刻享用金錢、商品或服務，延遲付款，只不過在未來某個時間點，必須全數還清，金額通常會比原價多一些，因為貸款人向借款人收取利息。

貸款人所提供的信用服務，分成幾種模式，包括**信用卡、車貸、學貸、房貸**。就連公用事業（水電、有線電視、瓦斯）也有信用的影子，你可能沒發現吧？每次你在家開燈、沖馬桶、看電視、上網和用手機，都是在跟店家賒帳。公用事業把帳記在你爸媽頭上，全家人先享受服務，晚一點再付費。

如果早晚都要還錢，何必還要貸款？

B 信用的優點

現金（**Cash**）｜分成紙鈔和硬幣兩大類。

債務（**Debt**）｜個人或企業欠下的錢。

月結單（**Statement**）｜列出過去一個月的刷卡費。

信用有很多好處。如果手頭**現金**不夠，還是買得到自己需要或想要的東西，等到之後有錢，再把**債務**（欠的錢）還清。信用是利用未來預期的收入，向銀行借錢，很適合購買昂貴的商品，例如房子、車子、大學教育。一家人可以靠房貸買房子，靠車貸買車子，靠學貸念大學，追逐夢想。

購物這件事，因為信用變得更便利了，也更安全了。有了信用卡，就不用帶一堆現金出門，尤其是外出旅遊。信用卡可以直接上網購物，或者用手機買東西。借方會寄給你**月結單**，詳細記錄你所有的花費、消費項目和欠款。

企業和政府也會善用信用，追求成長和擴張。企業現金不足的時候，貸款買用品或原料，或者貸款進行大採購，例如買廠房、設備或車輛，等到之後有賺錢，再來還清貸款。

稅收（**Tax**）｜你付給政府的錢，讓政府執行重大工程和公共服務。

政府大興土木也需要貸款，例如橋梁、道路、人行道和公共建築。等到人民繳稅，政府再用**稅收**付清這些費用。稅收是人民付給政府的錢，讓政府有錢做重大工程和公共服務（例如軍警、學校、圖書館、醫院、公園和郵局）。

C 信用的缺點

信用造福很多人，但仍有害處。記住了，你用信用購買的東西，以後可是要支付利息的，而且會規定你什麼時候還，絕對不會讓你自己選時間。不小心誤用信用，債務可能會愈滾愈大，大到無法收拾的地步！

給孩子的第一本理財書

超支（**Overspending**）｜超出自己該花的金額。

破產（**Bankruptcy**）｜個人或商家在法律上宣布，再也沒有還錢的能力。

豁免（**Forgiving**）｜取消全部或部分的債務。

信用報告（**Credit Report**）｜總結個人的信用紀錄，用來評估信用等級。

借錢要付利息，所以欠錢的速度，有可能超過還錢的速度。一旦**超支**了，借款人會來不及還錢。如果沒及時還錢，恐怕會失去有價的財產，例如房子、車子。刷卡卻不乖乖繳卡費，會惹上財務危機。

刷卡不還錢，會破壞借款人的信譽；花了太多錢，會導致信用破產，也會破壞家庭關係。有一些國家甚至會懲罰不還錢的人，直接關進牢裡。欠債不還的人，在大部分國家，最後都只能宣告**破產**。

破產的個人或企業，再也無法還清債務。破產是為了**豁免**還不清的債務，讓個人或企業有機會重新開始。美國唯有州立或聯邦法院的法官，有權力宣告破產；所以要向法院提出聲請。

一旦破產了，就可以免除大部分的債務，但宣告破產這件事，長期下來是不好的。**信用報告**會有破產的紀錄，再也無法貸款，或者貸款利率會特別高。聲請破產的流程很複雜、很花錢，可能暫時無法就學、工作或經營家庭生活。破產之後，也不好找工作或換工作，因為雇主看了信用報告，可能會選擇更有責任感，懂得管理個人財務的人選。

第6章

信用進階課

A 各種信用

下列幾種信用，你們在不久的未來，都有機會碰到。

① 信用卡

信用卡是一張塑膠小卡片，由銀行或店家發行。持卡人（經過銀行核准，有權使用信用卡的人，信用卡正面通常會凸字印刷持卡人的名字）可以賒帳買商品和服務，銀行會跟信用卡國際組織合作，例如 Visa、萬事達（Master Card）和美國運通（American Express），共同處理信用卡購物的流程，讓持卡人到世界各地刷卡，全球有很多店家都接受信用卡付款。

店家聯名信用卡（**Store Card**）｜大型店家所發行的信用卡；只限於特定店鋪使用。

折扣（**Discount**）｜用比較便宜的價格出售。

現金回饋（**Rebate**）｜退還你支付的部分款項。

大型連鎖店，例如遠東百貨、新光三越百貨、Costco 好市多和家樂福，會推出**指定店家的聯名信用卡**，使用方式就像一般信用卡，最大的區別是只限指定店家使用，因為有這個限制，所以比起一般通用的信用卡更容易申請，也會有**折扣**、**現金回饋**等好康，優惠那些常客。

　　如果沒有每個月繳清卡費，銀行會收取利息。發卡公司固定每個月，透過實體或電子郵件寄送月結單，告知你刷了多少卡費，何時該繳清。

　　自從你收到帳單開始，通常要在 15～30 天內繳費。沒有在期限內繳清卡費，信用卡發卡的公司或銀行會收取極高的利息，利率從 10～24% 不等，相當於你卡費的四分之一！

　　換句話說，如果卡費是 100 元，沒有準時繳清，就變成要繳納 124 元呀！沒有在期限內繳納最低應繳金額，利率還會更高呢！

　　除了利息之外，銀行也可能收取滯納金，因為這些林林總總的費用，你付出的金額比原本的價格多更多！

給孩子的第一本理財書

持卡人可以從信用卡取用現金，稱為**預借現金**，這是跟信用卡的發卡公司領錢購物，領錢的方式有很多種，例如到自動提款機提款、親自去銀行請**行員**辦理，或者請信用卡公司寄**支票**。預借現金有金額上限！用信用卡預借現金，也不是好習慣，因為費用和利息都很高！除非緊急用錢，否則不要預借現金，如果真的去預借現金，當你一有錢，就馬上還清。

富翁投資人馬克·庫班（Mark Cuban）說過，真希望他二十幾歲的時候，就對金錢多一點概念。

「信用卡是最爛的投資。不要隨便借錢，這樣省下來的利息，比什麼都好，這筆錢還可以投資股票呢！」

❷ 學貸

　　上大學，是你為自己做的最佳決定。研究顯示，有大學學歷的人，一輩子賺取的薪水，比沒有上大學的人，多了更多。可是，大學教育很昂貴，尤其是一些知名私校。

學貸（**Student loan**）│借錢來支付教育費用。

還款（**Repayment**）│還清債務。

　　學生通常會申請**學貸**，來支付大學教育。學貸可以支付學費、書本、電腦和生活開銷。學貸有一個好處，那就是等到畢業後，才需要**還款**，讓學生可以專心讀書，就學期間不用擔心費用。

躺著游會不會比較快呢？

學貸大海

壞處是畢業後，如果對大學教育不滿意，或者沒有學以致用，又或者財務困難，甚至宣告破產，也不可以取消或註銷學貸。

　　因此，想申請學貸的學生，一定要事先想清楚，到底要借多少金額，以及未來該如何償還。你絕對不希望完成學業後，馬上扛了一屁股的債，卻不知所措。

❸ 車貸

> 頭期款（**Down payment**）｜貸款購買昂貴的商品或服務時，必須支付的第一筆大款項。
>
> 結餘（**Balance**）｜剩餘的欠款。
>
> 分期付款（**Installment**）｜貸款分成好幾次償還，直到還清為止。
>
> 汽車所有權登記憑證（**Car title**）｜載明汽車所有權人的法律文件。

　　成年人購買新車或二手車，可能會申請車貸。車貸由銀行、汽車製造商（負責製造汽車）或經銷商（負責販售汽車）提供。這是一次貸，貸款人把所有錢一次借出，直接完成交易。有時候，買家必須先支付一部分售價，稱為**頭期款**，**結餘**（尾款）再以**分期付款**的方式，每個月支付固定的金額。

　　車貸最多可以攤成七年，償還本金和利息。雖然借款人可以先取走車子，但只有等到車貸都還清了，**汽車所有權**才會從貸款人轉移給借款人。汽車所有權登記憑證會列出汽車的合法所有權人。當借款人付清車貸，汽車會轉到借款人名下。

B 申貸

　　申請信用卡或貸款，不一定會通過。銀行核准的對象，只限定那些有能力還清貸款的人。可是，銀行怎麼會知道，申請貸款的人會不會信守承諾，乖乖還錢呢？

　　銀行有很多審核貸款的方法。一般人申請信用卡或貸款，必須填寫申請書，列出自己的財務狀況。銀行評估貸方的信用時，可能會考慮幾個項目，但銀行最在乎的，其實是借款人的品格和能力。我來跟大家說明一下：

❶ 品格

品格（**Character**）｜借款人過去處理金錢和債務，有什麼樣的習慣，留下什麼樣的名聲。

信用報告（**Credit history**）｜借款人準時還清債務的紀錄。

信用評比（**Credit score**）｜依照信用報告的資訊，給予分級或評分。

品格是借款人的名聲，可以看出借款人還清貸款的意願。銀行評估借款人的品格時，會參考借款人的**信用報告**、**信用評比**、教育背景和工作經驗。

提出貸款申請後，貸款人（或銀行）會拿到申請人的信用報告。信用報告會列出信用紀錄，例如有沒有準時還清債務、還欠多少債務、有哪些債務還沒有還清。

信用報告也會列出信用評比，借款人一向是怎麼處理借貸，手上還有多少貸款沒還清，全部寫得清清楚楚。如果曾經有一兩次延遲付款，信用評比就會低一點。如果手上有很多貸款要還（例如有好幾張信用卡，其中很多張的卡費都沒有繳清），也會拉低信用評比。

銀行決定要不要核發貸款或信用卡，或者要用多少利率，主要都是看信用評比。信用評比高的人，最有機會申請到貸款，也可以爭取到優惠的利率。反過來，信用評比低的人，最可能被銀行拒絕，就算成功借到錢，或申請到信用卡，利率也沒那麼討喜。

維護自己的信譽，是很重要的責任。如果不準時還清債務，等到以後申請貸款，麻煩就大了。信用不好，可是要付出慘烈的代價，貸款利率會很高喔。貸款的利率愈高，荷包就會大失血。

班恩的信用評比高

我每個月支付
NT$5790元
貸款利率6%

安德魯的信用評比低

我每個月支付
NT$6660元
貸款利率12%

班恩和安德魯在同一時間，購買一樣的車子，售價都是30萬元台幣，攤成5年償還。安德魯卻因為信用評比低，每個月要支付更多錢。

❷ 能力

還款能力（**Capacity**）｜還清貸款的能力。

保證人（**Co-signer**）｜保證人信用良好，跟主要借款人一起簽署貸款文件。如果借款人不還錢，保證人就有責任還清。

還款能力是借款人還清貸款的能力。提出貸款申請時，銀行會看借款人的收入情況、工作穩不穩定、手頭上還有多少貸款、有多少貸款已經還清了。有一份穩定的工作（已經做很久，或者還會做很久），以及收入高，都可以證明借款人會定期還錢，直到還清貸款。

如果借款人的信用或工作都不夠好，銀行會要求另一個人作保，這個人必須信用良好，收入高。**保證人**跟借款人一起簽署貸款文件，一旦借款人停止還錢，保證人就有責任還清。

學生申請學貸，通常要找一位保證人，因為學生沒有信用紀錄，也沒有穩定的收入來源，貸款就會需要保證人。如果學生畢業後，無法固定每個月還錢，貸款人就會向家長或保證人要錢。

找保證人一起申請貸款，絕對要負起還錢的責任，否則不乖乖還錢，不只破壞你自己的名聲，人家好心當你的保證人，也把名聲搞壞了。

 第7章

節流！

 A 為什麼要存錢？

　　這堂課一開始，我就說過了，存錢很重要。現在辦信用卡很容易，上網可以買到任何東西，購物比以前輕鬆多了，誘惑無所不在。存錢的理由很多個，其中有兩個理由，特別能夠彰顯儲蓄的重要性。

➊ 為了買更昂貴的東西

　　小時候可以向別人許願，說自己想要最新款的手機、平板電腦、腳踏車、電動滑板車或智慧手錶，當成聖誕節或生日的禮物。無論獲得什麼樣的禮物，都要心懷感恩，包括那些你沒有許願的禮物。

　　如果你沒有如願拿到真心喜愛的禮物，何不換個方法，幫爸媽減輕負擔，一起把這個禮物買下來呢？用你存下來的零用錢，或者是你在節日或生日拿到的禮金。爸媽看你這麼貼心，會很感動喔！你貢獻的金額愈多，爸媽就愈有可能買給你。

等到你長大，想買的東西更貴了，可能需要一輛車開車去上班，或需要一間房子，讓全家人有地方住。

有一天，你甚至決定去攻讀大學學位，或接受額外的培訓，為自己的事業加分，又或者回到學校念書，準備換跑道。

你可能想舉辦難忘有趣的婚禮，或者跟著心愛的人一起去旅行，探索遙遠的國度。

這些事情，你都做得到，只要有足夠的存款。

風險（**Risk**）│ 損失金錢的機會或可能。

購買昂貴的物品，例如車子或房子，大家通常會申請貸款，但如果本身有存款，可以多付一點頭期款，爭取到更優惠的貸款利率。銀行當然希望你多付一點頭期款，這樣你還不出貸款的**風險**，豈不是降低了呢？同樣的，拿出愈多頭期款，你需要貸款的金額就愈少，每個月要付的房貸就更少了。

拿出 NT$ 15,000 元頭期款　　　拿出 NT$ 75,000 元頭期款

未來五年
每月要支付
$5,520元車貸

未來五年
每月要支付
$4,350元車貸

車子價值30萬台幣，貸款利率6%，分成五年攤還。

❷ 為了緊急意外開銷

　　俗話說，人生充滿了驚奇。雖然大家都喜歡驚喜，但驚嚇的事情總會在你意想不到的時候發生，例如車子突然壞掉，可能要支付一大筆維修費用；家裡的狗生病了，需要看獸醫；水管爆裂了，整個家都泡水；親友過世了，臨時要搭高鐵去參加喪禮；或者你突然丟了工作。

　　緊急意外開銷，讓你的荷包大失血，但如果平常有儲備急難基金，就算面臨可怕的意外，也會更有餘裕度過難關。這就是為什麼儲蓄很重要。

B 設定預算：儲蓄的利器！

> 預算（**Budget**）｜在某段時間內，預計要花費或儲蓄多少錢。
>
> 量入為出（**Live within your means**）｜開銷不超過收入或財力。

逛附近的商店或者連線上網，就可以買到很多東西。選擇太多了，錢該怎麼花，該存多少錢，令人拿不定主意。正因為如此，設定**預算**這件事，有助於管理金錢。

預算是預計在某一段時間，要花費或儲蓄多少錢。設定預算，是一定要做的事，這樣才知道有多少錢可以花，錢要花在哪裡，有多少錢要存下來。一切照著預算走，才會無債一身輕，**量入為出**。換句話說，拿捏好預算，就不會超支。

設定預算時，先列出所有收入來源，全部加總起來，包括父母給你的零用錢，你打工賺來的錢，你生日或節日獲得的禮金。

另一方面，列出某段時間內所有的開銷。

把總收入扣掉總支出，如果你有在捐款，也要記得扣除。

最後的數字是正的，代表你有存到錢，反過來，最後的數字是負的，代表你太會花錢了。

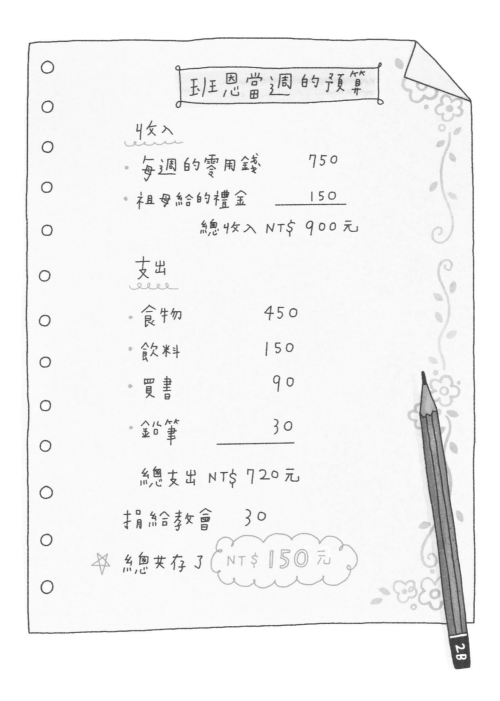

班恩當週的預算

收入
- 每週的零用錢　　　750
- 祖母給的禮金　　　150
　　　總收入 NT$ 900 元

支出
- 食物　　　450
- 飲料　　　150
- 買書　　　90
- 鉛筆　　　30

　　總支出 NT$ 720 元

捐給教會　30

☆ 總共存了　NT$ 150 元

從班恩的預算表可以看出，他沒有超支。他事先設定預算，知道錢會花到哪裡去，還可以存下 150 元！班恩做得很好，有乖乖設定預算，好好管錢。

C 儲蓄的好幫手

保障（**Insured**）｜保證你不會損失金錢。
存款帳戶（**Deposit account**）｜銀行提供的服務，讓個人或組織存款或提款。
提款（**Withdraw**）｜從銀行領錢。

如果要儲蓄的話，銀行大概是最安全的地方了。銀行有防火的金庫，也有嚴密的保全，只限特定人士進入。

臺灣人把錢存在銀行，還有中央存保公司的**保障**，就算銀行把錢敗光了，或者失竊或失火，你最多還能拿回新臺幣 300 萬元喔！

銀行有幾個保護金錢的方式，把理財變得更容易！我們來看一看：

❶ 儲蓄帳戶

儲蓄帳戶是個人和商家的**存款帳戶**，主要用來存錢。錢存在儲蓄帳戶，可以賺到一點點利息，只要是銀行營業的時間，隨時可以去**提款**。

每個人幾乎都可以申請儲蓄帳戶。有些家長在孩子小時候，就會為孩子開戶，鼓勵孩子存錢。有了儲蓄帳戶，花錢會更謹慎，因為錢存在銀行，總比放在存錢筒好吧？不可能想花就花。而且啊，錢放在銀行，就是允許銀行拿你的錢，去借給別人或其他店家，所以你會賺到利息，錢就變多了。

❷ 支票帳戶

你爸媽支付水電費的時候，有沒有開過支票呢？你生日有沒有收過支票呢？你都怎麼處理支票呢？

支票帳戶就跟存款帳戶一樣，都可以存錢，只可惜大多沒有利息。支票帳戶的特色，就是讓你開支票買東西、付帳單、付錢給個人或企業。

受款人（**Payee**）｜接受支票的個人或商家。

跳票（**Bounced check**）｜因為帳戶的餘額不足，支票無法兌現。

　　你媽媽開支票的時候，就是在指示銀行，提撥一筆特定的金額給**受款人**。受款人是接受支票的個人或商家，你媽媽的帳戶必須有足夠的錢，這樣支付的過程才會順利，所以你媽媽填寫的金額，不可以超過支票帳戶的餘額，否則就**跳票**了。支票跳票的話，銀行會向你媽媽收取手續費，對方把空頭支票存入了帳戶，也會被銀行收取手續費喔。

　　大家愛用支票，因為比起帶一堆現金，開支票不僅更方便，也更加安全。現金容易被偷，但支票只限帳戶的持有人簽名。如果要郵寄付款，寄支票也會更安全喔，因為銀行只會讓受款人存支票或換現金。開支票這件事，也會留下永久的付款紀錄，隨時可以回過頭確認。

3 簽帳金融卡和提款卡

簽帳金融卡（**Debit card**）｜刷簽帳金融卡購物，會直接從支票帳戶扣款。

　　如果有**簽帳金融卡**和提款卡，就可以輕鬆使用儲蓄帳戶或支票帳戶裡面的錢。簽帳金融卡類似信用卡，但不是信用卡。用簽帳金融卡買東西，就好像刷卡，只不過簽帳金融卡會連結支票帳戶，每一次刷卡，直接從支票帳戶扣款，所以支票帳戶一定要有餘額，否則就無法刷卡囉！此外，簽帳金融卡也沒有信用卡的預借現金功能。

　　你小時候可能有想過，自動提款機是會吐錢的神奇機器，可惜世上並沒有這種神奇玩意。自動提款機會連結儲蓄帳戶或支票帳戶，因此從自動提款機領錢，就等於親自去銀行窗口，麻煩行員提領銀行的錢。有了自動提款機，整個交易過程就可以交給機器處理，隨時都能去存款或提款。唯一要注意的是，有些自動提款機可能會收手續費。

❹ 定存

定存單（**Certificate of deposit**）｜利息比一般儲蓄帳戶多，缺點是必須存滿一段時間，才可以領回來。

到期日（**Maturity date**）｜錢可以領回的日期。

定存類似儲蓄帳戶，但定存的利息比較多。定存有**到期日**，這是銀行還給你本金和利息的日子。辦理定存的那一天，也要選擇到期日，臺灣最短是一個月，最長是三年。定存的時間愈長，賺到的利息愈多。

定存的利息高一點，是為了確保存款人在到期日之前，絕不會把錢領走。如果在到期日之前，先把錢領走了，銀行會收取中途解約費，所以定存也稱為「定期存款」。

這裡教大家一個聰明理財的方法。把每個月存下來的錢，存入儲蓄帳戶、支票帳戶和定存。如果未來幾個月沒有大採購的打算，錢最好直接辦理定存，這樣利息比較多，另外撥出其中一點錢，存到儲蓄帳戶或支票帳戶，以免臨時有急用。

第8章

金錢和經濟

你一定聽過新聞主播講**經濟**，或者爸媽在晚餐時間聊經濟。為什麼經濟會如此重要？經濟跟金錢有什麼關係呢？

> 經濟（**Economy**）｜國家運用有限的資源，生產商品和服務。
>
> 資源（**Resource**）｜生產商品和服務時，所需要的補給。

經濟，是民族或國家運用有限的**資源**，生產商品和服務。如果經濟健全，國家會做明智的決定，善用手邊的資源，例如土地、原料、勞工和金錢，創造更多的產品和服務。經濟成長對大家有好處，一是工作機會變多了，二是企業會賺大錢。相反的，經濟衰退的時候，人民會失業，店家會倒閉。經濟衰退期，很多人和企業都會虧損。

我們來看一看，有哪些因素會影響經濟和你呢？

需求（**Demand**） ｜ 購買商品或服務的欲望和意願。

供給（**Supply**） ｜ 市面上流通的商品和服務。

　　你有沒有好奇過，為什麼汽油、食品和商品的價格會變動呢？雖然店家會設定商品和服務的價格，但**需求**和**供給**這兩大因素，也會影響價格喔！

短缺（**Shortage**）｜供不應求；也就是需求大於供給。

過剩（**Surplus**）｜供過於求；也就是供給大於需求。

　　需求，是購買商品或服務的欲望和意願。供給，是可以多麼輕易買到商品或服務。一般來說，需求大於供給，就會有**短缺**的情況，以致價格上升。某一件物品剛好短缺，大家願意花更高的價錢購買，所以需求大於供給，價格就提高了。

　　同樣的，市面上流通的數量，超過大家想要的數量（供給大於需求），就會有**過剩**的情況，以致價格下降。賣家會願意調降價格，刺激買氣，所以價格就降低了。如果供給和需求相等，價格通常會保持不變。

我舉幾個例子，解釋為什麼供給和需求的變化，可能會影響價格：

- 世界盃足球賽、籃球賽和棒球賽期間，球迷特別想去體育場觀賽。球票的供給是固定的，因為體育場的座位有限，所以球票的價格會升高。

- iPhone 14 開賣後，大家紛紛買新款手機，舊款手機（iPhone 12 和 13）的需求降低了，價格也會跟著降低。

- 煉油廠失火關閉，汽油的產量不足，供給減少，滿足不了市場需求，所以汽油的價格會升高。

- 今年氣候良好，葡萄盛產，超過大家平常購買的數量，葡萄的價格就下降了。

有正確的供需觀念，才會做明智的決定，聰明消費。假設你知道某樣物品的需求居高不下，可能會等到需求減少，價格降低再來買。

比如你想買手機，新款手機剛好開賣了，大家都搶著買，價格這麼高，真的值得買嗎？你能不能等一等，等到手機真的該換了，再來升級手機呢？

或者，比如你要看電影，你會選擇人擠人，挑晚上票價比較貴的時候看呢？還是挑白天沒人的時候看呢？認清供給和需求，可以省下一些錢，當聰明的消費者。

B 通貨膨脹

你知道一加侖的牛奶，1975 年賣多少錢嗎？1.57 美元。1995 年，漲到 2.41 美元，2015 年 9 月，漲到了 3.39 美元。為什麼牛奶的價格一直漲？

> 通貨膨漲（**Inflation**）｜商品和服務的價格全面上漲。

通貨膨脹會導致商品和服務的價格上漲。通貨膨脹有很多原因，但主因是需求增加了，供給卻沒有跟著增加，比方薪水調漲了，或者借錢更容易，一般人手上的錢變多了，花錢更大手筆。記住了，需求大於供給，價格就會上漲。

我們來看看其他物品，在 1975 年、1995 年和 2015 年分別是多少錢？

物品	1975	1995	2015
一加侖汽油	0.57 美元 （臺幣 18 元）	1.15 美元 （臺幣 37 元）	2.38 美元 （臺幣 77 元）
一盒蛋	0.77 美元 （臺幣 25 元）	1.16 美元 （臺幣 38 元）	2.97 美元 （臺幣 95 元）
第一類郵資	0.13 美元 （臺幣 4 元）	0.32 美元 （臺幣 10 元）	0.49 美元 （臺幣 16 元）
新房子平均售價	42,600 美元 （臺幣 137 萬元）	158,700 美元 （臺幣 511 萬元）	296,900 美元 （臺幣 957 萬元）

如果碰到通貨膨脹，錢可以買到的東西就會變少了。我舉個例子，電影票的價格上漲 10%，本來 10 元的電影票，就變成 11 元。因此，購買相同數量的商品和服務，卻要付更多錢。如果你家有五個人，全家看一場電影，就要多花 5 元。

　　因為有通貨膨脹，把錢放在存錢筒，就不是聰明的決定了。存錢筒只有存錢的功能，存到一定數量，就必須存入儲蓄帳戶。如果你把錢放在不會變多的地方，等到以後要用錢，錢的價值就會變少。

　　領固定薪水的人，例如退休人士，遇到通貨膨脹也很頭痛，人退休之後，收入沒有工作的時候多，再加上通貨膨漲嚴重，購買力會變得更低。1995 年花 20 美元買到的東西，現在花相同的錢，只能買到一部分而已。通貨膨脹率每年都在波動，一年平均是 1～2%，1970 年代至 1980 年代，甚至達到 12%。假設每年通貨膨脹率維持在 12%，連續 6 年下來，商品和服務的價格就會加倍。價格上漲這麼多，短短 6 年，金錢的價值只剩下一半。

通貨膨脹的效應

C 失業

失業（**Unemployment**） │ 想找工作卻找不到的人。

失業的人數，可以看出國內的經濟健不健全。每個星期，政府會公布失業的人數，這是一群能夠工作、願意工作、想找工作的人，卻始終找不到工作。如果失業人口多，這代表工作機會非常少。找不到工作，買不起需要的商品和服務，店家的銷售量和利潤會變少，結果就會有更多人失業。除非經濟好轉，否則會一直惡性循環。

做財務決策的時候，一定要想到自己有可能失業，存好一筆緊急預備金。否則，一個債臺高築的人，突然失去工作，會被逼到絕境的。大家要記住量入為出，不要過度刷卡消費，千萬別依賴「未來的薪水」，以為你一定付得起。

給孩子的第一本理財書

第9章

股票市場

在進入正題前，先來說一說杯子蛋糕烘焙坊的故事。克洛伊開了烘焙坊，老闆就只有她一個人，所以這家店完全屬於她。客人喜歡吃她做的杯子蛋糕，她每天烤的杯子蛋糕都賣光光。杯子蛋糕烘焙坊開了一年後，成為熱門的店家。

杯子蛋糕的需求提高了，她突然覺得，還要再多買兩臺烤箱，才能夠烤完所有的訂單。她考慮向存多多銀行申請貸款，可是又不想付利息，於是她找了兩個朋友奧莉薇雅和班恩，一起來投資她的店，跟她共同持有。他們最後達成協議，奧莉薇雅和班恩各出 30,000 元，協助克洛伊添購兩臺烤箱。克洛伊想回報兩位朋友，於是讓出 50%所有權，奧莉薇雅和班恩就分別持有 25%。如果未來有一天，克洛伊想賣掉杯子蛋糕店，她就是持有 50%所有權。

股（Share）│企業持份的單位。

　　克洛伊把一半的股份賣給班恩和奧莉薇雅，相當於把一家店分成四等份，稱為**股**，她自己擁有兩股，占了 50%（2 股×25%），班恩和奧莉薇雅分別擁有一股，一股是 25%所有權。

　到了年底，杯子蛋糕烘焙坊的利潤總共是 9,000 元。克洛伊、班恩和奧莉薇雅三個人，決定用其中 3,000 元添購原料，其餘 6,000 元平分。6,000 元會分成四等份（因為整家店的所有權，分成了 4 股），每股分得 1,500 元。克洛伊擁有 50%所有權，相當於 2 股，分到 3,000 元。班恩和奧莉薇雅各擁有 1 股，各分到 1,500 元。

　　幾個月後，喬治聽說杯子蛋糕烘焙坊賺大錢，他有興趣投資，成為股東。他想以 30,000 元的價格購買一股，沒有半個人同意，後來喬治把價格提高到 36,000 元，奧莉薇雅同意了，把股份賣給他。

　　杯子蛋糕烘焙坊繼續賺大錢。克洛伊、班恩、喬治看到生意這麼好，心情好愉快。

股票市場（**Stock Market**）｜買賣上市公司股票或股份的地方。

股票（**Stock**）｜可以買賣的公司所有權。

投資人（**Investor**）｜拿錢出來投資，希望可以賺錢或獲利的個人或機構。

股東（**Shareholder**）｜擁有公司或公司股份的個人或機構。

證券經紀（**Stockbroker**）｜有權為投資人買賣股票的個人或網路公司。

如果希望錢變多，除了存在銀行，也可以投資**股票市場**。股票市場，有時候稱為證券交易，是一個專門買賣公司股票的地方。**股票**或股份是公司的所有權，可以拿到市場上買賣，因此是一部分的公司所有權。你買了股票，就成為公司的所有權人。

股票市場的運作，很類似杯子蛋糕烘焙坊的故事。公司拓展業務，當然會需要資金，於是老闆出售一部分的公司，讓投資人來購買股票或股份，投資人就成了**股東**。班恩和奧莉薇雅分別出資 30,000 元，買了一股，成為杯子蛋糕烘焙坊的股東。

股票在全球各地交易。紐約證券交易所是最大的股市，大約有 2,800 家企業掛牌上市。我們一般的投資人，如果想要買股票，可以透過**股票經紀**。一有交易的需求，除了打電話給股票經紀人，也可以在股票經紀公司網站下單。

B 在股票市場賺錢

股票投資人有兩種賺錢方式：

❶ 利潤分成

股息（Dividend） | 企業分給股東的一部分利潤。

股東是公司的所有權人。如果股東持有的公司賺錢了，就可以分到利潤。以杯子蛋糕烘焙坊為例，開店第二年，利潤 9,000 元，其中 6,000 元讓所有的股東平分，就稱為**股息**。

❷ 股價上漲

如果公司有賺錢，前景可期，股票就會吸引更多投資人購買。股票的需求提高，股價就會上漲（還記得需求和供給的關係吧？）。有一些投資人買股票，是為了賣到更高的價錢。以杯子蛋糕烘焙坊為例，奧莉薇雅當初買的是每股 30,000 元，後來以每股 36,000 元賣出，賺了 6,000 元價差。

在股票市場賺大錢，通常是因為股價漲了。下面都是你聽過的公司，我們來比較 2012 年 11 月和 2015 年 11 月的股價：

公司名稱	2012 年 11 月	2015 年 11 月	股價波動幅度
好時巧克力	73	88	21%
美泰兒遊戲	38	25	−34%
麥當勞	87	112	29%
微軟	27	53	96%
Nike	49	131	167%
迪士尼	50	115	130%

＊股價四捨五入。

大家注意看三年後的股價。假設 2012 年你拿了 1,000 元購買麥當勞股票，過了三年，1,000 元的價值就變成 1,287 元。假設你 2012 年拿了 1,000 元購買 Nike 的股票呢？到了 2015 年價值就變成 2,673 元！是不是很美好？

C 股票投資的缺點：

股票市場是投資人賺大錢的管道，但是投資股票市場的風險很高。大家看美泰兒遊戲的股價，這是一家專門生產芭比娃娃和風火輪玩具的公司，雖然這家公司和它賣的玩具很熱門，股價卻從 2012 年 38 元跌到 2015 年 25 元，假設 2012 年你拿了 1,000 元購買美泰兒的股票，過了三年，只剩下 657 元的價值。

公司賺大錢，前景好，股價會上漲，但如果公司不賺錢，或者顧客被競爭對手搶走，股價會下跌。投資人都討厭績效不良的公司，當投資人紛紛出售股票（供給大於需求），股價就有重挫的壓力，以致股價下滑。

　　投資股票可能有風險，可能會虧損，所以投資任何股票前，一定要多做功課，包括公司的營運狀況和財務紀錄，產品和服務賣得好不好。你還要知道有哪些競爭對手，產品和服務有沒有發展前景。大家都喜歡投資會成長和會賺錢的公司。

給孩子的第一本理財書

第10章

全世界的錢

A 什麼是貨幣？

貨幣（**Currency**）｜在某個國家或地區內，可以自由流通的金錢。
政治穩定性（**Political stability**）｜有一個強大成功的政府。

　　貨幣是在某個國家或地區內，可以自由流通的金錢。目前全球大約有190 個國家，這些國家要不是有自己的貨幣，就是跟其他國家共用貨幣。

　　美國通行的貨幣，稱為**美元**，中國有**人民幣**，菲律賓有**比索**，歐洲有幾個國家同意共用**歐元**，包括奧地利、比利時、塞普勒斯、愛沙尼亞、芬蘭、法國、德國、希臘、愛爾蘭、義大利、拉脫維亞、立陶宛、盧森堡、馬爾他、荷蘭、葡萄牙、斯洛伐克、斯洛維尼亞、西班牙、克羅埃西亞。至於其他歐洲國家，例如丹麥、波蘭、瑞典、英國，雖然接受歐元，但也有自己國家的貨幣。

全球大約有 160 種以上的貨幣，每一種貨幣的價值不盡相同。貨幣的價值會受到幾個因素影響，例如貨幣的需求和供給、經濟的強弱、某個國家或地區的**政治穩定性**等。

白老師，我鞋子的標籤寫著『中國製造』，
可是我爸工作賺的是美金，
這是兩種不同的貨幣，
我們要怎麼購買中國製造的東西呢？

B 什麼是外匯交易？

外匯交易（**Foreign exchange**）｜把某一種貨幣轉換成另一種貨幣。

　　既然每一種貨幣的價值不同，假設你要去國外旅行，就需要換匯，尤其是你打算購買國外的商品或服務。換匯，就稱為**外匯交易**。哪裡可以換匯呢？例如：銀行、外幣兌換處或機場內的外幣兌換服務，這些地方都掛著大告示牌，向大家公告目前的匯率。

　　依照下面的步驟，就可以算出你能夠換得多少錢：

第一步：決定你想換出多少錢。

第二步：確定兩個貨幣的兌換匯率。

第三步：把你想換出的錢，乘以匯率，就是你會換到的錢。

　　喬治住美國，打算到臺灣出差，會在臺灣購買 200 美元的物品，帶回來美國。我們一起來幫忙喬治，把美金換成新臺幣吧！

第一步：決定你想換出多少錢。　　　　　　200 美元

第二步：確定兩個貨幣的兌換匯率。　　　　31.73

第三步：把你想換出的錢，乘以匯　　　　　200 美元×31.73＝6,346 新臺幣
率，就是你會換到的錢。

C 外匯交易的其他用途

國際貿易（**International trade**）｜在不同國家之間，買賣商品和服務。
進口（**Import**）｜從國外購買商品和服務。
出口（**Export**）｜把商品和服務賣到國外。

　　個人旅遊或公司出差，經常要換匯，但最需要換匯的活動，其實是**國際貿易**。國際貿易是在不同的國家之間，買賣商品和服務。現在運輸和通訊的科技日新月異，世界上幾乎每一個國家，跟國外買賣商品和服務的機會都變多了。從國外購買商品和服務，稱為**進口**。把商品和服務賣到國外，稱為**出口**。

　　2014 年美國從加拿大購買 1,190 億美元的石油，從中國購買 1,300 億美元的電子設備，從日本購買 460 億美元的汽車。如果美國要跟這些國家購買商品，就必須把自己國家的貨幣，換成對方的貨幣。

　　其他國家也會跟美國買東西。2014 年加拿大跟美國購買的汽車，總共價值 510 億美元，中國跟美國購買的飛機，總共價值 140 億美元，日本跟美國購買的穀片，總共價值 40 億美元。這些國家想購買美國的商品和服務，就必須把自己國家的貨幣換成美元才行。

給孩子的第一本理財書

後記

分享是有道理的！

　　我們第一堂課，介紹金錢的妙用。錢可以買到商品和服務，也可以存下來，以備不時之需。錢可以投資，為自己賺更多錢，也可以回饋社區。

> 白老師，我們剛剛學到
> 每個人都要工作賺錢。
> 為什麼還要把錢回饋給社區呢？

你剛剛學過，錢不好賺。大家都要工作賺錢，把自己辛苦賺來的錢，平白送給別人用，聽起來有點不公平。

我來解釋一下，為什麼要回饋社區？

分享是有道理的，因為你回饋社區的錢，可以改變別人的人生。

世界上有很多人並沒有你那麼幸運，但你可以做一些事情，讓他們活得更開心，人生更美滿，例如捐款給慈善團體。慈善團體會去幫助有需要的人。

當你捐錢給慈善團體，你捐出的那筆錢，會連同別人的捐款，一起去幫助慈善團體完成使命。就算只有一點錢，也會發揮影響力，尤其是你援助極度貧窮的人。

當你捐款 30 元，可以在貧窮國家，讓一個人全年享用安全的水源。捐款 300 元，可以幫助清寒學童買書，累積更多知識。

　　2015 年 6 月，美國億萬富翁巴菲特，捐給慈善團體 28 億美元。巴菲特先生到目前為止，捐給慈善團體的金額，已經達到 230 億美元，你可以想像，這麼一大筆錢可以買多少的書本、糧食和乾淨的水嗎？你可能心想，巴菲特先生超有錢，當然能夠捐好幾億元呀！你說得沒錯，巴菲特先生是億萬富翁，但回饋社區這件事，絕非億萬富翁的專利，你可以從小錢開始捐起。如果你還沒開始賺錢，試著捐獻金錢以外的東西吧。有些慈善團體也接受玩具、書本、罐頭、文具、二手電子設備、二手衣，他們會整理這些物資，交給有需要的人，或者舉辦義賣活動。記住了，無論你的捐獻是多是少，只要跟其他人的捐獻合力，就是一股強大的力量喔！

捐錢給慈善團體，是自動自發去做的，不是法律規定的。雖然沒有捐錢的義務，大家仍願意分享一部分的財富，有幾個可能的原因：有些人想到可以為慈善事業貢獻心力，就覺得開心。有些人特別想終結貧窮，改善民眾健康，提供獎學金，資助醫療研究。有些人是因為宗教信仰而捐錢，也有人是要節稅，因為捐款可以扣抵綜合所得稅。不管是什麼動機，捐款這件事，對於慈善團體的計畫都大有幫助喔。

　　就算你捐款的金額，沒有巴菲特先生多，大家也不會質疑你。我衷心希望，你長大以後，會認真念書，努力工作，有動力賺更多錢，跟家人一起享受勞動的果實，同時勇於分享，造福更多人。

你從這堂課學到了金錢的重要、賺錢的管道及金錢的妙用。未來你要如何運用金錢，完全由你自己決定。真正重要的事，不是你買了什麼商品和服務，讓自己看起來金碧輝煌，而是你善用金錢，讓自己成為更美好、更聰明的人。

參考文獻  References

"10 Reasons Why You Should Save Money (Even When Borrowing Is Cheap and Easy)." Mymoneycoach.com. Accessed September 22, 2015. http://www.mymoneycoach.ca/saving-money/why-save-money.

"1975 Economy/Prices." 1970sFlashback.com. Accessed July 28, 2015. http://www.1970sflashback.com/1975/Economy.asp.

"1995 Economy/Prices." 1990sflashback Accessed August 2,2015. http://www.1990sflashback.com/1995/Economy.asp.

Asmundson, Irena, and Ceyda Oner. "What Is Money?" Finance & Development, Vol. 49, No. 3, September 2012. Accessed August 2, 2015. http://www.imf.org/external/pubs/ft/fandd/2012/09/basics.htm.

"Average Salaries for Americans ——Median Salaries for Common Jobs." Foxbusiness.com. July 9, 2015. Accessed November 1, 2015. https://www.foxbusiness.com/features/average-salaries-for-americans-median-salaries-for-common-jobs.

Bank of America."Annual Reports & Proxy Statements." Accessed October 30, 2015. http://investor.bankofamerica.com/phoenix.zhtml?c=71595&p=irol-reportsannual#fbid=dSyS8TA3bAB.

Biedenweg Ph. D, Karl. Basic Economics Illinois: Mark Twain Media,Inc., 1999.

Biedenweg Ph. D, Karl. Personal Finance. North Carolina: Mark Twain Media,

Inc., 1999.

Bloomberg. "Markets Cross Rates" Accessed November 15, 2015. http://www.bloomberg.com/markets/currencies/cross-rates.

Bureau of Labor Statistics. "Average Retail Food and Energy Prices, U.S. and Midwest Region." Accessed October 30,2015. http://www.bls.gov/regions/mid-atlantic/data/AverageRetailFoodAndEnergyPrices_USandMidwest_Table.htm.

Bureau of Labor Statistics. "May 2014 National Occupational Employment and Wage Estimates United States." Accessed October 30, 2015. http://www.bls.gov/oes/current/oes_nat.htm.

"Charitable Impact Calculator." Thelifeyoucansave.org Accessed October 31, 2015. http://www.thelifeyoucansave.org/Impact-Calculator.

CNN. "Markets." Accessed November 12, 2015. http://money.cnn.com/data/markets/.

"Credit Education: The Devastating Effects of Bankruptcy." Lexingtonlaw.com. December 9, 2010. Accessed December7, 2014. https://www.lexingtonlaw.com/blog/bankruptcy/devastating-effects-bankruptcy.html.

Federal Deposit Insurance Corporation. "Understanding Deposit Insurance." Accessed January 27, 2015. https://www.fdic.gov/deposit/deposits/.

Furgang, Kathy. Kids Everything Money: A Wealth of Facts, Photos,and Fun. Washington DC: National Geographic Society,2013.

Godfrey, Neale S. Ultimate Kids' Money Book New York: Simon & Schuster, 1998.

Gower, John. "Savings 101: What is a CD

(Certificate of Deposit)?"Nerdwallet.com. Accessed September 26, 2015.

https://www.nerdwallet.com/blog/banking/savings-101-cd-certificate-deposit/.

Grabianowski, Ed. "How Currency Works." Howstuffworks.com, September 2, 2003. Accessed August 2, 2015.

https://money.howstuffworks.com/currency.htm.

Grosvenor Jr., Charles R. "Prices in the Seventies." Inthe70s.com. Accessed July 22, 2015.

http://www.inthe70s.com/prices.shtml.

"How Many Countries Are in the World?" Worldatlas.com. Accessed July 9, 2015. http://www.worldatlas.com/nations.htm.

"Job Index (United States)." Payscale.com. Accessed November 7,2015. http://www.payscale.com/index/US/Job.

Kane, Libby. "What 9 Successful People Wish They'd Known About Money In Their 20s." BusinessInsider.com., September 8, 2014. Accessed October 24, 2014.

https://www.businessinsider.com/what-ceos-wish-they-knew-about-money-2014-9.

Kapoor, Jack R., Les R. Dlabay and Robert Hughes. Personal Finance. New York: McGraw-Hill Irwin, 2012.

Kellaher, Karen. "Kid's Economic Glossary." cholastic.com, February 2, 2008. Accessed September 26, 2015.

https://www.carman.k12.mi.us/cms/lib/MI01000184/Centricity/Domain/248/KidsEconomicGlossaryScholastic.pdf.

Korkki, Phyllis. "Why Do People Donate to Charity." Bostonglobe.com. December 22, 2013. Accessed August 7, 2015.

https://www.bostonglobe.com/business/2013/12/22/nonprofits-seekunderstand-why-people-give-charity/72b4B2kbKiXqNzxnQbKAtO/story.html.

M&T Bank. "Understanding the 5 C's of Credit." Accessed September 20, 2015. https://www.mtb.com/business/businessresourcecenter/Pages/FiveC.aspx.

McWhorter Sember JD, Brette. The Everything Kids'Money Book. Massachusetts: Adams Media, 2008.

Melicher, Ronald W., and Edgar A. Norton. Introduction to Finance Markets, Investments, and Financial Management. New Jersey: John Wiley & Sons, Inc., 2011.

Morrell, Alex. "Buffet Donates $2.8 Billion, Breaks Personal Giving Record." Forbes.com. July 15, 2014. Accessed October 31, 2015. http://www.forbes.com/sites/alexmorrell/2014/07/15/buffett-donates-2-8-billion-breaks-personal-giving-record/.

"New Residential Sales in September 2015." Census.gov Accessed October 30, 2015.
http://www.census.gov/construction/nrs/pdf/newressales.pdf.

"New York Stock Exchange: Company Listings." Advfn.com. Accessed October 31, 2015.
http://www.advfn.com/nyse/newyorkstockexchange.asp.

Northwestern Mutual. "What is the Stock Market?" Accessed July 20, 2015.
http://www.themint.org/kids/what-is-thestock-market.html.

"Top US Exports to the World." Worldsrichestcountries.com. Accessed October 18, 2015.
http://www.worldsrichestcountries.com/top_us_exports.html.

"Top US Imports from the World." Worldrichestcountries.com. Accessed

October 18, 2015.

http://www.worldsrichestcountries.com/top_us_imports.html.

United States Postal Service. "Forever Stamp Prices Unchanged."January 15, 2015. Accessed July 28, 2015. http://about.usps.com/news/national-releases/2015/pr15_004.htm.

"Value Investing Explained In 7 Quotes: Value Investing, Done Well, Can Make You Wealthy."The Motley Fool. Accessed October 31, 2015. http://www.fool.com/investing/value/2014/07/29/value-investing-explained-in-7-quotes.aspx.

"What Is the Most Important 'C' in the Five Cs of Credit?" Investopedia.com. Accessed September 20, 2015.

http://www.investopedia.com/ask/answers/040115/what-most-important-c-five-cs-credit.asp.

"5 Cs of Credit: What They Are, How They're Used, and Which Is Most Important" Investopedia.com. Accessed September 20, 2015. http://www.investopedia.com/ask/answers/033015/what-difference-between-five-cs-credit-and-credit-rating.asp.

謝辭

我要感謝下列這些人，如果沒有他們的付出，這本書也無法出版：

編輯麗莎・羅傑尼（Lisa Rojany）：感謝她專業的建議和指導，花時間修飾我的初稿。

英文版插畫師李察・彼得・大衛（Richard Peter David）：感謝他專業的能力，以及耐心和勤勉。

蜜雪兒・布朗（Michelle Brown）、阿里・麥馬納蒙（Ali McManamon）以及 Mill City Press 的出版團隊：感謝他們一直提供我世界級的顧客服務。

坎迪斯・羅伊（Candace Roy）、葛瑞絲・馬諾羅（Grace Mamolo）、珍妮佛・布雷夏尼（Jennifer Brescini）：感謝他們的意見、反饋和支持。

我要特別感謝安（Anne），我一極棒的老婆，永遠陪在我身邊，她是我的靠山和靈感來源。

我把這本書獻給我四個好孩子：加百列（Gabirel）、安傑羅（Angelo）、雅各（Jacob）、TJ，他們是天底下所有爸爸心目中最棒的孩子。

國家圖書館出版品預行編目(CIP)資料

給孩子的第一本理財書：從存零用錢開始，美國財經專家引導孩子
聰明用錢的 10 堂理財課／沃特・安道爾(Walter Andal)著；陳之婷
繪；謝明珊譯. -- 初版. -- 新北市：大樹林出版社，2023.07
　　面；　　公分. --（育兒經；10）
譯自：Finance 101 for kids
ISBN 978-626-97115-7-4（精裝）

1.CST: 個人理財　　2.CST: 投資　　3.CST: 子女教育

563　　　　　　　　　　　　　　　　　　112008949

大樹林學院

www.gwclass.com

最新課程 New!
公布於以下官方網站

育兒經 10

給孩子的第一本理財書
從存零用錢開始，美國財經專家引導孩子聰明用錢的10堂理財課
Finance 101 for Kids : Money Lessons Children Cannot afford to Miss

作　　　者／沃特・安道爾（Walter Andal）
譯　　　者／謝明珊
插　　　畫／陳之婷
總 編 輯／彭文富
主　　編／黃懿慧
內文排版／菩薩蠻
封面設計／Ancy Pi
校　　對／楊心怡、賴妤榛、李麗雯
出 版 者／大樹林出版社
營業地址／23357 新北市中和區中山路2段530號6樓之1
通訊地址／23586 新北市中和區中正路872號6樓之2
電　　話／(02) 2222-7270　傳真／(02) 2222-1270
E - m a i l／notime.chung@msa.hinet.net
官　　網／www.gwclass.com
Facebook／www.facebook.com/bigtreebook
發 行 人／彭文富
劃撥帳號／18746459　　　　戶名／大樹林出版社
總 經 銷／知遠文化事業有限公司
地　　址／222 深坑區北深路三段 155 巷 25 號 5 樓
電　　話／02-2664-8800　　　傳　　真／02-2664-8801
初　　版／2023年07月

大树林学苑—微信

課程與商品諮詢

大樹林學院 —LINE

定價／380 元　港幣／127 元　ISBN／978-626-97115-7-4

回函贈品

掃描 Qrcode，填妥線上回函完整資料，
即可索取本書贈品「**理財達人就是你！學習單**」。
活動日期：即日起至 2027 年 01 月 30 日
寄送日期：填寫線上回函，送出 google 表單後，在下一頁即
　　　　　可看到遊戲單的下載連結。
★追蹤大樹林臉書，搜尋：@bigtreebook，獲得優質好文與
　新書書訊。
★加入大樹林 LINE 群組，獲得優惠訊息與即時客服。

贈品說明

「理財達人就是你！學習單」
參考本書《孩子的第一桶金》內容設計的學習單
讓孩子學以致用，養成理財好習慣！

★學習單內含──
「練習記帳吧！」記帳單
「理財常識知多少」連連看
「小小會計師」計算題